953

TABLEAU SY

Pour faire connaître aux autres personnes nos idées, nos pensées, les jugements que nous form
et aux choses, nous parlons ou nous écrivons; c'est ce qui

CE SONT:

SUBSTANTIF.

NOM D'UN ÊTRE.

COMMUN. Nom qui convient à tous les êtres de la même espèce.

PROPRE. Nom qui distingue à lui seul un être des autres êtres de la même espèce.

ARTICLE.

Mot qui annonce que le substantif dont il fait connaître le genre et quelquefois le nombre, est déterminé.

SIMPLE: *le, la, les.*

CONTRACTÉ: *du* pour *de le, au* pour *à le, des* pour *de les* et *aux* pour *à les.*

ADJECTIF.

Mot qui exprime la qualité ou le mode des êtres.

QUALIFICATIF. Mot qui exprime la forme, la couleur, la qualité des êtres.

DÉTERMINATIF. *Mot qui fixe, précise l'étendue de la signification du substantif qu'il précède.*

- **NUMÉRAUX.** *Mots qui détermi à représenter le nombre ou*
- **DÉMONSTRATIFS.** Mots qui
- **POSSESSIFS.** Mots qui déter
- **INDÉFINIS.** Mots qui détermi l'unité.

NOPTIQUE GRA

ons en nous-mêmes, c'est-à-dire, faire connaître les êtres, les substances que notre esprit voit, les formes
s'appelle exprimer sa pensée, la faire sortir de l'esprit où elle était cachée. Pour exprimer en français

Il y a deux genres dans les substantifs. { **MASCULIN.** Un substantif est du genre masculin quand on peut le faire précéder
FÉMININ. Un substantif est du genre féminin quand on peut le faire précéder

Il y a deux nombres dans les substantifs communs. { **SINGULIER.** Un substantif est du nombre singulier quand on parle d'un
PLURIEL. Un substantif est du nombre pluriel quand on parle de plusieurs

En général, tout substantif qui représente un seul être, s'écrit sans *s* à la fin. — Tout substantif qui
Les substantifs terminés au singulier par *s, x, z*, s'écrivent au pluriel comme au singulier.
Les substantifs terminés au singulier par *au, eu*, prennent une *x* au pluriel. — Les substantifs term
Les substantifs *bijou, caillou, chou, genou, hibou, joujou, pou, landau, bal, carnaval, régal, aval, ail, gent*, font au pluriel : *bijoux, cailloux, choux, genoux, hiboux, joujoux, poux, landaus, bals, car travaux, vitraux, ventaux, aulx, gens.*

Ciel fait *cieux* au pluriel; on dit aussi des *ciels-de-lit*, des *ciels de tableaux*, des *ciels* (dans

nent le substantif en l'obligeant l'ordre des êtres dont on parle. { **CARDINAUX.** Déterminatifs qui forment les ordinaux et qui expriment
ORDINAUX. Déterminatifs qui expriment l'ordre ou le rang : *Premier*,

déterminent le substantif en l'obligeant à ne représenter que les êtres que l'on montre : masc. sing. *ce*,
minent le substantif en indiquant à qui appartiennent les êtres dont on parle : masc. sing. *mon, ton, son*,
nent le substantif en l'obligeant à représenter vaguement les êtres : *chaque, tout, nul, certain, aucun*,

MMATICAL.

sous lesquelles il les voit, les qualités qu'il attribue ou refuse aux êtres, c'est-à-dire, aux personnes
toutes ses pensées, on se sert de dix espèces de mots,

de *un* ou *le*. de *une* ou *la*. seul être. êtres.	Un substantif ou nom est *déterminé* lorsque l'étendue de sa signification est fixée, précisée, ce qui a lieu quand il représente tous les êtres auxquels il convient (un *genre*) ou toute une *espèce* de ces êtres, ou un être *particulièrement désigné.*

représente plusieurs êtres, s'écrit avec une *s* à la fin.

inés au singulier par *al,* changent *al* en *aux* au pluriel.
cal, cantal, chacal, nopal, serval, bail, corail, émail, soupirail, travail, vitrail, ventail,
navals, régals, avals, cals, cantals, chacals, nopals, servals, baux, coraux, émaux, soupiraux,

le sens de climat); *OEil* fait *yeux* et quelquefois *œils:* des *œils-de-bœuf.*
simplement le nombre: *Un, deux, trois, dix, vingt, cent, mille,* etc.
second, deuxième, troisième, dixième, vingtième, centième, millième, etc.
cet; fém. sing. *cette;* masc. et fém. pluriel *ces;* (*ce,* adjectif, accompagne un substantif).
notre, votre, leur; fém. sin. *ma, ta, sa, notre, votre, leur*; mas. et fém. pl. *mes, tes, ses, nos, vos, leurs.*
quelque, plusieurs, maint, même, tel, quel, quelconque, et *un* ne désignant pas spécialement

PRONOM.

Mot qu'on emploie à la place du substantif, pour en éviter l'emploi ou la répétition.

PERSONNELS : pronoms qui marquent le rôle (1) que
elles, eux, se, les, leur. (*Le, la, les,*

DÉMONSTRATIFS: pronoms qui désignent les êtres
celles-ci, celles-là. (*Ce,* est

POSSESSIFS: pronoms qui indiquent à qui appartie
nôtre, la vôtre, la leur; fém. plur.

CONJONCTIFS : pronoms qui lient au membre de
qui, que, dont, laquelle, de la

INDÉFINIS: pronoms qui désignent d'une manière
plusieurs, tel, quand ils ne sont pas

VERBE.

Mot qui exprime l'affirmation et souvent aussi un état ou une action.

SUBSTANTIF. (*Être*) il subsiste par lui-même et exp

ADJECTIF ou *ATTRIBUTIF.* *Mot qui exprime l'affirmation et un état ou une action.*

ACTIF ou *TRANSITIF.* Verbe
désigné par son complém

PASSIF. Verbe qui exprime un

NEUTRE ou *INTRANSITIF.*
être. Après le verbe neutr

PRONOMINAL. Verbe qui exp
conjugue avec deux pron

UNIPERSONNEL. Verbe qui a

PARTICIPE.

Mot qui tient de la nature du verbe et de celle de l'adjectif.

PRÉSENT. Il exprime une action présente, soit abso
ou à une époque future. (Il est toujours terminé

PASSÉ. Joint au verbe *avoir* il exprime une action

ADVERBE.

Mot invariable qui modifie la signification du verbe ad
etc; l'ordre: *premièrement, d'abord, ensuite,* etc.;
peu, assez, etc.; la comparaison : *plus, mieux,*

PRÉPOSITION.

Mot invariable qui marque les rapports des actions
dans, en, chez, devant, après, derrière, parmi,

jouent dans le discours les êtres qu'ils désignent : 1.re personne sing. *je, me, moi;* plur. *nous;* 2.me
leur, pronoms, sont toujours joints à un verbe.)
dont ils rappellent l'idée, comme si on les montrait : masc. sing. *celui, celui-ci, celui-là, ceci,* 5
pronom démonstratif quand il est joint à un verbe ou à un autre pronom.)
nnent les êtres dont ils rappellent l'idée : masc. sing. *le mien, le tien, le sien, le nôtre, le vôtre, le*
les miennes, les tiennes, les siennes, les nôtres, etc.
phrase suivant les substantifs dont ils tiennent la place : masc. sing. *qui, que, quoi, dont,*
quelle, à laquelle; fém. plur. *qui, que, dont, lesquelles, desquelles, auxquelles.*
vague les êtres dont ils éveillent ou rappellent l'idée : *on, quiconque, quelqu'un, chacun, autrui, l'un*
joints à un substantif.)

rime simplement l'affirmation.
qui exprime une action faite par un être dénommé par son sujet (2) et directement transmise à un autre être
ent direct (3). Après le verbe actif on peut placer *quelqu'un* ou *quelque chose.*
e action reçue soufferte par son sujet.
Verbe qui exprime un état ou une action faite par son sujet, mais non directement transmise à un autre
e on ne peut pas placer *quelqu'un* ni *quelque chose.*
rime une action qui retombe directement ou indirectement sur l'être qui fait l'action du verbe. Il se
oms de la même personne. Quand les sujets font l'action l'un sur l'autre il s'appelle *réciproque.*
pour sujet apparent le mot *il,* ne représentant aucun mot exprimé précédemment dans la phrase.

lument, soit relativement à une époque passée
par *ant*).
passée.

Le verbe s'accorde avec son sujet en nombre et en personne. Le verbe qui a pour sujet un substantif, se met à la 3.me personne.

jectif ou d'un qualificatif (*adjectif* ou *adverbe*): marquant la manière : *sagement, poliment, lentement,*
le lieu : *où, ici, là;* le temps : *hier, autrefois, souvent, toujours,* etc.; la quantité : *beaucoup, combien,*
moins, aussi, autant, etc.
des verbes avec les êtres ou de deux termes entre eux : marquant la place ou le lieu : *à, entre,*
sur, sous, etc.; l'ordre : *avant, entre, dès, depuis, après,* etc.; l'union : *avec, pendant, durant, selon,*

personne sing. *tu, te, toi;* plur. *vous;* 3.me personne sing. *il, elle, lui, se, soi, en, y, le, la;* plur. *ils,*

6 *cela;* masc. plur. *ceux, ceux-ci, ceux-là;* fém. sing. *celle, celle-ci, celle-là,* fém. plur. *celles,*

leur; masc. plur. *les miens, les tiens, les siens,* etc. fém. sing. *la mienne, la tienne, la sienne, la*

lequel, duquel, auquel; masc. plur. *qui, que, dont, lesquels, desquels, auxquels;* fém. sing.

l'autre, l'un et l'autre, et *personne* sans article ou adjectif déterminatif, et *aucun, nul, certain,*

L'adjectif et le pronom s'accordent en genre et en nombre avec le substantif ou le pronom auquel ils se rapportent. Le pronom s'accorde de plus en personne.

Tout adjectif qui joint à un substantif masculin n'est pas terminé par un *e* muet, en prend un quand il est joint à un substantif féminin.

Les adjectifs terminés au masculin par :

x, f, el, eil, ul, ol, et, ot, as, os, an, en, on,

ont pour terminaison : *se, ve, elle, eille, ulle, olle, ette, otte, asse, osse, anne, enne, onne,* au féminin.

Exceptions : doux, faux, préfix, roux, vieux, complet, concret, discret, inquiet, secret, replet, dévot, bigot, idiot, ras, clos, musulman *et les autres noms de peuples en* an, *font au féminin* douce, fausse, préfixe, rousse, vieille, complète, concrète, *etc.* dévote, *etc.* rase, close, musulmane, persane, *etc.*

Blanc *fait au féminin* blanche; caduc, caduque; franc, franche; grec, grecque; public, publique; sec, sèche; turc, turque; long, longue: oblong, oblongue; malin, maligne; bénin, bénigne; épais, épaisse; frais, fraîche; coi, coite; favori, favorite; gentil, gentille; tiers, tierce; exprès, expresse.

Les adjectifs en *eur* dérivés d'un participe présent, changent *eur* en *euse* au féminin.

Les adjectifs en *eur* qui ne dérivent pas d'un participe présent, ainsi que *débiteur,*

suivant, etc.; la séparation: *sans*, *outre*, *hors*, etc.; la cause, le moyen: *par*, *moyennant*, *attendu*,

7

CONJONCTION. Mot invariable qui lie un mot à un autre mot, une idé

INTERJECTION. Mot invariable qui exprime les affections vives et *hé!* l'aversion: *fi!* l'admiration: *oh! eh!* l'enc

(1) Dans nos discours, nos entretiens, il y a une personne qui parle, c'est ordinairement la plus digne, la première; une personne à qui l'on parle, celle qui tient le 2ᵉ rang, et une personne ou une chose dont on parle, et qui tient le 3ᵉ rang; ces différents rôles s'appellent *personnes*. Le pronom qui désigne l'être qui parle, est de la 1ʳᵉ personne; celui qui désigne l'être auquel on parle, est de la 2ᵉ personne, et celui qui désigne l'être dont on parle, est de la 3ᵉ personne.

(2) Le *sujet* d'un verbe est le mot qui désigne l'être qui fait l'action du verbe ou qui est dans l'état qu'on lui attribue; il répond à la question *qui est-ce qui?* ou *qu'est-ce qui?* placée devant ce verbe.

(3) Le *complément direct* est le mot qui désigne l'être auquel l'action du verbe est directement transmise; il répond à la question *qui?* ou *quoi?* placée après le verbe.

Un mot est *complément indirect* quand il désigne l'être auquel l'action du verbe est indirectement transmise; il répond à la question *à qui? à quoi?* ou *de qui? de quoi?* placée après le verbe.

Un mot est *complément déterminatif* quand il fixe, borne, restreint l'étendue de la signification du mot qui précède.

Les cinq modes ou manières d'exprimer l'affirmation.	L'INDICATIF s'emploie quand on est sûr qu'une chose est, se fait, s'est faite ou se fera.
	LE CONDITIONNEL s'emploie quand il y a une condition.
	L'IMPÉRATIF s'emploie quand on commande ou que l'on souhaite.
	LE SUBJONCTIF s'emploie quand il y a doute.
	L'INFINITIF s'emploie quand on affirme d'une manière vague.

excepté, etc.; l'opposition : *nonobstant*, *contre*, *malgré*, etc.; le but : *vers*, *envers*, *touchant*, *pour*, la sortie, la possession : *de* (je viens DE Rome, le livre DE Pierre).

e à une idée, une pensée à une pensée : *et*, *ni*, *ou*, *car*, *mais*, *comme*, *quand*, *que*, *si*, *enfin*, etc. 8

subites de l'âme : pour marquer la joie : *ah!* la douleur : *aïe! ah! hélas!* la crainte : *ah!* ouragement : *ça! allons!* pour appeler : *hola!* pour imposer silence : *chut! paix!*

SUITE DES AUXILIAIRES.

PLUS-QUE-PARFAIT.	*On voulait*			PASSÉ.	
Que j'eusse eu, *(hier)*	Que j'eusse été, *(hier)*	Que vous eussiez eu,	que vous eussiez été,	Avoir eu.	Avoir été.
Que tu eusses eu,	que tu eusses été,	Qu'ils eussent eu,	qu'ils eussent été.	PARTICIPE PRÉSENT.	
Qu'il eût eu,	qu'il eût été,	INFINITIF.		Ayant.	Étant.
Que nous eussions eu,	que nous eussions été,	PRÉSENT.		PARTICIPE PASSÉ.	
		Avoir.	Être.	Ayant eu.	Ayant été.

TABLEAU COMPARATIF SERVANT A TROUVER LES TEMPS PRIMITIFS DES VERBES RÉGULIERS.

PRÉSENT DE L'INFINITIF.		PARTICIPE PRÉSENT.	PARTICIPE PASSÉ.	PRESENT DE L'INDICATIF.	PASSÉ DÉFINI.
Pos	*er.*	*ant.*	*é.*	*e.*	*ai.*
Un	*ir.*	*issant.*	*i.*	*is.*	*is.*
Rec	*evoir.*	*evant.*	*u.*	*ois.*	*us.*
Ren	*dre.*	*dant.*	*du.*	*ds.*	*dis.*
Jo	*indre.*	*ignant.*	*int.*	*ins.*	*ignis.*
Prod	*uire.*	*uisant.*	*uit.*	*uis.*	*uisis.*
Par	*aître.*	*aissant.*	*u.*	*ais.*	*us.*

Dans tous les verbes il y a deux parties : l'une s'appelle *radical* et l'autre *terminaison* : dans *poser*, *unir*, *recevoir*, *rendre*, etc. les radicaux sont : *pos*, *un*, *rec*, *ren*, et les terminaisons : *er*, *ir*, *evoir*, *dre*. En ajoutant aux radicaux les terminaisons qui suivent celles de l'infinitif, on obtient les temps primitifs de ces verbes.

Pour trouver les temps primitifs d'un verbe à l'aide de ce tableau, on en retranche donc la termi-

exécuteur, inspecteur, inventeur, persécuteur, changent *eur* en *rice* au féminin.

On forme le pluriel des adjectifs et des pronoms comme celui des substantifs.

L'adjectif et le pronom qui se rapportent à plusieurs substantifs, se mettent au pluriel, et restent au masculin si les substantifs sont de différents genres.

Que je pos *e*
que tu pos *es*
qu'il pos *e*
que nous pos *ions*
que vous pos *iez*
qu'ils pos *ent*.

IMPARFAIT. Changez la dernière lettre du passé défini en:

Que je posa *sse*
que tu posa *sses*
qu'il posâ *t*
que nous posa *ssions*
que vous posa *ssiez*
qu'ils posa *ssent*.

PASSÉ.

Que j'aie posé.

PLUS-QUE-PARFAIT.

Que j'eusse posé.

INFINITIF PRÉSENT.

Poser.

PASSÉ.

Avoir posé.

PARTICIPE PRÉSENT.

Posant.

PARTICIPE PASSÉ.

Ayant posé.

(A) Les verbes en *evoir* changent *evant* en *oivent* à cette 3me personne, et *evant* en *oive, oives, oive*, aux trois personnes du singulier du présent du subjonctif, et *evant* en *oivent* à la 3me personne du pluriel.

(B) Les présents terminés par *ds, ts* et le verbe *vaincre* ne prennent point le *t* de cette 3me personne.

Le verbe passif se compose de l'auxiliaire *être* et d'un participe passé.

Dans les temps composés de quelques verbes neutres, de plusieurs verbes unipersonnels et de tous les verbes pronominaux, on remplace *avoir* par les mêmes temps du verbe *être*.

On reconnaît qu'un verbe neutre se conjugue avec le verbe *être* quand le participe de ce verbe peut accompagner un nom de personne: *un homme mort;* mais on ne dit pas: *un homme dormi*: *mourir* se conjugue donc avec *être*, et *dormir*, avec *avoir*.

AUXILIAIRES.

AVOIR.	*ÊTRE.*
INDICATIF.	
PRÉSENT.	*Aujourd'hui*
Sing. J'ai,	Je suis,
Tu as,	Tu es,
Il a,	Il est,
Plur. Nous avons,	Nous sommes,
Vous avez,	Vous êtes,
Ils ont.	Ils sont.
IMPARFAIT.	*Alors*
J'avais,	J'étais,
Tu avais,	Tu étais,
Il avait,	Il était,
Nous avions,	Nous étions,
Vous aviez,	Vous étiez,
Ils avaient.	Ils étaient.
PASSÉ DÉFINI.	*Hier*
J'eus,	Je fus,
Tu eus,	Tu fus,
Il eut,	Il fut,
Nous eûmes,	Nous fûmes,
Vous eûtes,	Vous fûtes,
Ils eurent.	Ils furent.
PASSÉ INDÉFINI.	*Ce matin, hier*
J'ai eu,	J'ai été,
Tu as eu,	Tu as »
Il a eu,	Il a »
Nous avons eu,	Nous avons »
Vous avez eu,	Vous avez »
Ils ont eu.	Ils ont »
PASSÉ ANTÉRIEUR.	*Hier dès que*
J'eus eu,	J'eus été,
Tu eus eu,	Tu eus »
Il eut eu,	Il eut »
Nous eûmes eu,	Nous eûmes »
Vous eûtes eu,	Vous eûtes été.
Ils eurent eu,	Ils eurent »
PLUS-QUE-PARFAIT.	*Hier, avant*
J'avais eu,	J'avais été,
Tu avais eu,	Tu avais »
Il avait eu,	Il avait »
Nous avions eu,	Nous avions »
Vous aviez eu,	Vous aviez »
Ils avaient eu.	Ils avaient »
FUTUR.	*Demain.*
J'aurai,	Je serai,
Tu auras,	Tu seras,
Il aura,	Il sera,
Nous aurons,	Nous serons,
Vous aurez,	Vous serez,
Ils auront.	Ils seront.
FUTUR ANTÉRIEUR.	*Demain à midi*
J'aurai eu,	J'aurai été,
Tu auras eu,	Tu auras »
Il aura eu,	Il aura »
Nous aurons eu,	Nous aurons »
Vous aurez eu,	Vous aurez »
Ils auront eu.	Ils auront »
CONDITIONNEL.	
PRÉSENT.	*Aujourd'hui, demain, si l'on..*
J'aurais,	Je serais,
Tu aurais,	Tu serais,
Il aurait,	Il serait,
Nous aurions,	Nous serions,
Vous auriez,	Vous seriez,
Ils auraient.	Ils seraient.
PASSÉ.	*Hier, si on l'avait voulu*
J'aurais eu,	J'aurais été,
Tu aurais eu,	Tu aurais »
Il aurait eu,	Il aurait »
Nous aurions eu,	Nous aurions »
Vous auriez eu,	Vous auriez été,
Ils auraient eu.	Ils auraient »
ON DIT AUSSI :	
J'eusse eu,	J'eusse été,
Tu eusses eu,	Tu eusses »
Il eût eu,	Il eût »
Nous eussions eu,	Nous eussions »
Vous eussiez eu,	Vous eussiez »
Ils eussent eu.	Ils eussent »
IMPÉRATIF.	*Aujourd'hui, demain*
Aie,	Sois,
Ayons,	Soyons,
Ayez.	Soyez.
SUBJONCTIF.	
PRÉSENT.	*Aujourd'hui, demain, il faut.*
Que j'aie,	Que je sois,
Que tu aies,	que tu sois,
Qu'il ait,	qu'il soit,
Que nous ayons,	que nous soyons,
Que vous ayez,	que vous soyez,
Qu'ils aient.	qu'ils soient.
IMPARFAIT.	*Il fallait alors*
Que j'eusse,	Que je fusse,
Que tu eusses,	que tu fusses,
Qu'il eût,	qu'il fût,
Que nous eussions,	que nous fussions,
Que vous eussiez,	que vous fussiez,
Qu'ils eussent.	qu'ils fussent.
PASSÉ.	*Il est possible*
Que j'aie eu, (*hier*)	Que j'aie été. (*hier*)
Que tu aies eu,	que tu aies »
Qu'il ait eu,	qu'il ait »
Que nous ayons eu,	que nous ayons »
Que vous ayez eu,	que vous ayez »
Qu'ils aient eu.	qu'ils aient »

naison de l'infinitif, et l'on ajoute au radical les terminaisons du verbe du tableau auquel il est le plus conforme.

11 CONJUGAISON UNIQUE.

ACTIVE.

INDICATIF.

PRÉSENT en *e*.

Après avoir écrit trois fois ce qui précède le *e*, ajoutez-y les terminaisons *e*, *es*, *e*.

Je pos *e*
tu pos *es*
il pos *e*

Du participe présent changez *ant* en:

nous pos *ons*
vous pos *ez*
ils pos *ent*. (A)

PRÉSENT EN *s*.

Après avoir écrit trois fois ce qui précède le *s*, ajoutez-y les terminaisons *s*, *s*, *t*.

J' uni *s*
tu uni *s*
il uni *t* (B)
nous uniss *ons*
vous uniss *ez*
ils uniss *ent*.

IMPARFAIT. Du participe présent changez *ant* en:

Je pos *ais*
tu pos *ais*
il pos *ait*
nous pos *ions*
vous pos *iez*
ils pos *aient*.

PASSÉ DÉFINI en *ai*.

Après avoir écrit six fois ce qui précède *ai*, ajoutez-y les terminaisons *ai*, *as*, *a*, *âmes*, *âtes*, *èrent*.

Je pos *ai*
tu pos *as*
il pos *a*
nous pos *âmes*
vous pos *âtes*
ils pos *èrent*.

PASSÉ DÉFINI EN *s*.

Après avoir écrit six fois ce qui précède le *s*, ajoutez-y les terminaisons *s*, *s*, *t*, *mes*, *tes*, *rent*.

J' uni *s*
tu uni *s*
il uni *t*
nous unî *mes*
vous unî *tes*
ils uni *rent*.

PASSÉ INDÉFINI et les temps composés se forment du verbe *avoir* et d'un participe passé.

J'ai posé
tu as posé
il a posé
nous avons posé
vous avez posé
ils ont posé.

PASSÉ ANTÉRIEUR.

J'eus posé.

Écrivez ici la suite du passé défini du verbe *avoir* et ajoutez *posé* à chaque personne.

PLUS-QUE-PARFAIT.

J'avais posé.

FUTUR. De l'infinitif changez *r*, *oir*, ou *re* en:

Je pose *rai*
tu pose *ras*
il pose *ra*
nous pose *rons*
vous pose *rez*
ils pose *ront*.

FUTUR ANTÉRIEUR.

J'aurai posé.

CONDITIONNEL.

PRÉSENT. De l'infinitif changez *r*, *oir* ou *re* en:

Je pose *rais*
tu pose *rais*
il pose *rait*
nous pose *rions*
vous pose *riez*
ils pose *raient*.

PASSÉ.

J'aurais posé.

ON DIT AUSSI:

J'eusse posé.

IMPÉRATIF. Écrivez ce qu'il y a après *je*, *nous*, *vous*, du présent de l'indicatif.

Pose
Posons
Posez.

SUBJONCTIF.

PRÉSENT. Du participe présent changez *ant* en:

Que je pos *e*

Les verbes pronominaux se conjuguent comme les verbes actifs que l'on fait précéder de deux pronoms et quelquefois d'un pronom qui est de la même personne que le sujet, comme dans: *je me pose, tu te poses, il se pose,* ou *Pierre se pose, nous nous posons, vous vous posez, ils se posent,* ou *les enfants se posent.*

Quant un verbe a pour sujet deux ou plusieurs substantifs ou plusieurs pronoms, il se met au pluriel, et s'accorde avec la personne qui a la priorité, si les mots formant le sujet sont de différentes personnes.

Le participe passé employé sans auxiliaire ou accompagné de l'auxiliaire *être* mis pour lui-même, ce qui a lieu dans les verbes passifs, dans quelques verbes neutres et certains verbes unipersonnels, s'accorde avec le mot auquel il se rapporte.

Le participe passé accompagné de l'auxiliaire *avoir* ou de l'auxiliaire *être* mis pour avoir, ce qui a lieu dans les verbes pronominaux, s'accorde avec son complément direct quand il en est précédé, et reste invariable, si le participe n'a pas de complément direct, ou si ce complément est placé après.

Le participe des verbes unipersonnels est toujours invariable.

Les participes *vu, supposé, excepté,* sont invariables quand ils sont suivis du substantif qu'ils modifient.

Le participe *fait* immédiatement suivi d'un infinitif, est toujours invariable.

3me Edition. — Maubeuge, Imprimerie d'Ed. DECAUSSENNE, Libraire.

www.ingramcontent.com/pod-product-compliance
Ingram Content Group UK Ltd.
Pitfield, Milton Keynes, MK11 3LW, UK
UKHW020420220726
13923UKWH00005B/2078

9 782019 245351